LA RÉPUBLIQUE

FAITE
PAR LES MONARCHISTES

ÉPITRE AUX RÉPUBLICAINS

PAR E. THIRION,

AUTEUR DU CATÉCHISME RÉPUBLICAIN.

Ceux qui détrompent les Peuples sont leurs véritables bienfaiteurs.
(VOLTAIRE, *Essai sur les Mœurs*, etc.).

SENLIS
LIBRAIRIE DE E. PAYEN
Place de l'Hôtel-de-Ville.

1871

PRIX : 10 CENTIMES.

LA RÉPUBLIQUE

⸿FAITE

PAR LES MONARCHISTES

ÉPITRE AUX RÉPUBLICAINS

PAR E. THIRION,

AUTEUR DU CATÉCHISME RÉPUBLICAIN.

Ceux qui détrompent les Peuples sont
leurs véritables bienfaiteurs.
(VOLTAIRE, *Essai sur les Mœurs*, etc.).

SENLIS

LIBRAIRIE DE E. PAYEN

Place de l'Hôtel-de-Ville.

1871

LA
RÉPUBLIQUE FAITE PAR LES MONARCHISTES

I.

Républicains, je suis un des vôtres; jamais depuis vingt-deux ans je n'ai cessé de voter contre l'Empire; et il n'y a rien au monde que j'aime mieux que la République, excepté la France.

J'éprouvais en commençant le besoin d'affirmer hautement mes opinions politiques, parce que je ne m'en croirai que plus autorisé à vous dire vos vérités. — Vous savez que généralement les amis ne sont bons qu'à cela.

Aimez-vous la République pour elle-même ou bien pour vous?

Si vous aimez la République parce que, sous ce régime, vous obtiendrez les premières places, les distinctions, la fortune; parce qu'elle récompensera enfin un dévouement qui se lasse de s'exercer gratis;

parce que vous vous imaginez qu'elle favorisera le développement de théories sociales qui vous sont chères, et qui semblent devoir vous donner l'aisance avec moins de temps et de travail qu'un commerce ou qu'une industrie quelconque, vous n'aimez la République que pour vous..

En ce cas ce n'est pas à vous que je m'adresse ; vous pouvez jeter de coté cette feuille de papier, car nous ne nous entendrons pas.

Vous n'êtes pas des Français, vous êtes des Allemands ; vous avez mis vos intérêts particuliers au-dessus de l'intérêt de la patrie, sans vous préoccuper de savoir si vous jouiez le jeu de M. de Bismark, qui savait bien, lui, qu'il pouvait compter sur vous. Tandis que la France se débattait sous l'invasion, livrée par le dernier des Bonaparte, vous arboriez le drapeau rouge à Lyon ou vous conspiriez contre le Gouvernement de la Défense nationale à Paris ; on aurait dit que vous préfériez perdre la France avec Flourens que d'essayer de la sauver avec Gambetta ou Trochu.

Si au contraire vous ne voyez dans la République que le moyen de rendre au peuple Français le sentiment de sa dignité qu'il a perdu sous le gouvernement des sergents de ville, d'éviter à l'avenir les gaspillages et les dilapidations, d'assurer l'instruction générale et la libre pratique du suffrage universel, de préparer pour vos enfants le règne sincère de la Liberté, de l'Egalité et de la Fraternité, et par suite l'affranchissement général des consciences et l'assurance universelle contre la misère, vous aimez bien véritablement la République pour elle-même.

Alors vous êtes les hommes selon mon cœur, ceux à qui je m'adresse en ce moment, et à qui je veux communiquer le seul moyen qui me semble praticable d'établir à jamais la République en France.

II.

En fait, la République est, comme son nom l'indique, la *chose de tout le monde;* vouloir la faire imposer à tous par quelques-uns, c'est anormal, et cela n'a guères de chances de réussir.

Je sais bien que, quoique minorité, c'est nous Républicains qui avons raison, et que la majorité qui nous opprime ne comprend pas ses véritables intérêts; mais enfin elle est majorité, et il faut bien l'avouer nous ne pouvons rien faire de solide sans elle.

Je sais bien que si on la laissait abandonnée à ses propres inspirations, elle roulerait éternellement, comme elle le fait depuis quatre-vingts ans, de catastrophes en catastrophes, de révolutions en restaurations, de proscriptions en palinodies, choisissant son roi du lendemain parmi les princes qu'elle exilait la veille, dépensant en un jour, en argent, en sang, en patriotisme d'occasion, ses économies de vingt ans, se vengeant de la liberté par un despote et de l'absolutisme par une révolution, cherchant la stabilité dans le provisoire, l'ordre dans l'oppression et la sécurité dans l'abrutissement.

Mais tout cela n'empêche pas qu'elle soit toujours la majorité, et par conséquent la plus forte. Il vaut donc mieux agir avec elle comme le médecin, qui se garde bien de faire prendre de force le remède au malade récalcitrant, mais qui au contraire couvre de miel les bords du vase contenant la potion amère, ou — pour parler en langage vulgaire — quand on n'est pas le plus fort être le plus adroit.

Or examinez aujourd'hui ce qui se passe autour de vous : La plupart des Français, sans grand enthousiasme peut-être, sans conviction probablement, mais seulement par irrésolution, paraissent vouloir accepter la République.

Les uns ont fait le compte de ce que l'Empire leur a coûté, et ne voient dans cette nouvelle forme de gouvernement que des économies à faire, par la suppression de la liste civile, des dotations, des gros traitements, des sénateurs à gages, et du gaspillage des administrations mal surveillées.

Les autres, par une certaine pudeur qui ne durera pas longtemps, n'osent pas encore parler de royauté, au lendemain de la catastrophe honteuse qui a renversé la dernière monarchie.

D'autres encore se rallient à la République de peur de voir la majorité acclamer une royauté rivale, semblables à ces enfants qui jettent leurs jouets au feu plutôt que de les partager avec un camarade.

Plusieurs enfin ressentent une véritable petite velléité démocratique, et ne sont pas loin de voter pour la République, à la condition qu'elle sera aussi aristocratique qu'une monarchie, aussi bien obéie que le despotisme, aussi pacifique qu'une royauté constitutionnelle; en un mot une petite République anodine, sorte de royauté élective dans laquelle ils tiendront le haut du pavé.

En somme, soit qu'ils ne veuillent la maintenir que jusqu'au moment où ils pourront lui substituer le gouvernement de leurs rêves, soit qu'ils tiennent essentiellement à la façonner à leur idée, tous ces gens-là n'établiront la République qu'à leur profit et qu'à la condition de la diriger à leur gré.

C'est pourquoi je vous dis : laissez-les faire car ils feront votre besogne; tenez-vous tranquilles, car vous les effaroucheriez; faites-vous petits, car ils croiront ne travailler que pour eux. Nous avons en ce pays l'esprit si peu pratique, nous nous sommes si bien déshabitués de nous occuper de nos propres affaires, que vous êtes à peu près sûrs d'avoir la République le jour où il semblera qu'il ne reste plus en France un seul Républicain.

III.

Au surplus la situation n'est pas nouvelle; c'est à peu près celle qui s'est produite après Février 1848, quand vous avez vu les légitimistes et les orléanistes proclamer la République en haine les uns des autres, puis essayer de la détruire pour se substituer à elle, ce qui a permis à un troisième larron que vous connaissez bien de s'emparer de la France qu'ils se disputaient, pour en faire ce que vous avez vu.

Or, il ne faut pas nous le dissimuler, c'est notre faute à nous autres Républicains si les choses ont alors si mal tourné. Tâchons du moins de le reconnaître, et, puisqu'aujourd'hui l'occasion s'en présente, de ne plus retomber dans les fautes qui nous ont déjà perdus une fois.

Nous avons voulu nous faire craindre, à une époque où l'echafaud ne tiendrait pas contre un vaudeville, et nous avons été ridicules. On se rappelle encore, pour en rire, les fameuses circulaires du ministère de l'intérieur, les imitations maladroites de Marat ou du Père Duchène, et toutes les solennelles bêtises des clubs et des députations patriotiques.

Nous avons voulu nous imposer à la France ; nous avons été exclusifs et nous avons rallié en masse tous les réactionnaires contre nous ; un crétin républicain était préféré dans les emplois importants à un homme capable suspect de modération, et le Français qui aime à rire, jugeant la République d'après ses fonctionnaires, n'a pas tardé à la croire et à la déclarer impossible.

Nous nous sommes associé un tas de gens sans conviction qui sont à la démocratie ce que la lie est à la vendange, qui ont sali la République par leurs exagérations et leurs déclamations, et qui, vendus enfin à ses ennemis pour mieux la perdre, ont un beau jour placé l'insurrection au-dessus du suffrage universel ; si bien qu'aujourd'hui encore les trembleurs de 1848, dans leurs souvenirs effarés, nous rendent solidaires de ces énergumènes qui voulaient être plus Républicains que la République.

En un mot, au lieu d'être la République calme et sûre d'elle-même que comporte l'époque où nous vivons, après quatre-vingts ans d'instruction politique et d'expérience gouvernementale, nous n'avons su être que la parodie de la vieille République de 1793. enthousiaste et irréfléchie, sachant tout vouloir et ne sachant rien fonder.

C'est en suivant un semblable système que nous nous aliénerons encore une fois la masse timide des électeurs. Et déjà ne voyez-vous pas quelques-uns d'entre nous, par crainte sans doute des défaillances et des contradictions, déclarer que la République est au-dessus du suffrage universel. Au-dessus du suffrage universel! mais alors elle est de droit divin, et nous, Républicains, nous voilà aussi.... niais que les légitimistes!

IV.

Non! la République n'est pas au-dessus du suffrage universel; pas plus que l'enfant n'est au-dessus du père, la créature au-dessus du créateur, l'effet au-dessus de la cause. La République ne peut au contraire exister que par suite d'un vote du suffrage universel; sans quoi elle cesserait immédiatement d'être une République ou *la chose de tout le monde*, pour devenir une Oligarchie ou *la chose de quelques-uns*.

Quand on admet un principe, il faut pour être logique en admettre les conséquences; si un peuple est maître de sa liberté, il doit avoir le droit de l'aliéner, comme un propriétaire à le droit d'aliéner sa propriété; mais c'est justement aussi pour cela que la monarchie héréditaire est incompatible avec le suffrage universel;

car si les électeurs d'une époque quelconque ont le droit de renoncer à leur liberté, ceux d'une autre époque, qui eux n'y ont pas renoncé, ont nécessairement le droit de la reprendre. Ce sont là des vérités banales; mais il ne faut pas se lasser de les répéter, jusqu'à ce que tout le monde en soit bien convaincu.

Or, voilà justement que le suffrage universel vient, par la voix de ses mandataires, d'acclamer la République; maintenant c'est à nous de ne rien faire pour la détruire.

Tant que les royalistes n'y verront que le moyen de s'exclure du gouvernement les uns les autres, nous sommes à peu près sûrs de la conserver.

Tant que les intérêts matériels ne sembleront pas menacés; tant que l'agitation de la rue n'entravera pas le commerce, tant que les journaux, pour se faire lire, ne prêcheront pas la loi agraire ou l'insurrection, tant que les ambitieux n'agiteront pas les questions sociales pour troubler l'eau de la politique afin d'y pêcher un ministère, la République se maintiendra tout naturellement.... faute de prétexte pour la renverser.

Et il viendra un moment — avant qu'il soit longtemps, croyez-le bien — où tous les honnêtes gens s'attacheront à ce principe du gouvernement de la nation par elle-même, surpris et satisfaits en même temps d'avoir vécu quelques mois en paix sous une République, fiers de cette attitude, toute nouvelle pour eux, que donne l'habitude de n'obéir qu'à la loi, redoutant à son tour la monarchie qui ne pourrait plus revenir que par une nouvelle révolution.

Car persuadez-vous que les royalistes n'aiment pas la monarchie pour elle-même, mais à cause de la sécurité, de la paix et du respect des lois qu'ils en espèrent; de sorte qu'ils seront aussi Républicains que nous, quand ils auront vu qu'en République on respecte la personne et les biens des citoyens, on ne fait pas la guerre suivant le caprice d'un seul homme, et on obéit d'autant mieux à la loi qu'on l'a votée soi-même.

<h2 style="text-align:center">V.</h2>

Vous allez me dire peut-être que cela nous fera une drôle de République. Je vous répondrai que du moins ce sera une République. De plus ce sera la République de la majorité, c'est-à-dire la République indestructible, celle contre qui les intérêts dynastiques, les chartes constitutionnelles et les plébiscites ne prévaudront pas.

La sagesse des nations dit que chaque chose doit arriver en son temps; ainsi les arbres ne portent pas des fruits avant des fleurs; le raisin ne se transforme en breuvage fortifiant qu'après avoir fermenté ; et si, quand nous sommes venus au monde, notre nourrice avait substitué à son lait une soupe aux choux avec un morceau de lard, il est probable que nous ne serions pas aujourd'hui au nombre de ceux qui se préoccupent de la forme du gouvernement.

Il en est de même en toutes choses. C'est ce qui fait que pour passer des habitudes monarchiques aux usages démocratiques, du gouvernement personnel au gouvernement de tout le monde, il est des transitions nécessaires et dont la suppression a jusqu'à présent amené les incertitudes, les luttes intestines, les découragements et les défections qui ont toujours empêché l'établissement de la République en France.

Les royalistes vous feront sans doute une République un peu despotique et très défiante vis-à-vis de son maître, le suffrage universel. Soit ! Le suffrage universel a cela de bon qu'il est éternel, et que pourtant, par la mort des réactionnaires endurcis et l'accession des jeunes enthousiastes, il se perfectionne en vieillissant. Aussi les fils de ceux-là transformeront la République autoritaire en République démocratique, et leurs petits-fils seront socialistes.

De cette façon toutes ces questions brûlantes, que la masse des électeurs ne connaît que tout juste assez pour les redouter, et que les impatients voudraient voir mettre en œuvre avant même qu'elles aient été étudiées — toutes ces questions, politiques ou sociales, arriveront à leur heure, et au fur et à mesure qu'une longue et sérieuse discussion aura permis de les comprendre afin de pouvoir les appliquer utilement.

Pendant ce temps les habitudes Républicaines s'enracineront dans les cœurs et dans les esprits, et c'est alors que la République sera invinciblement établie; car c'est là surtout ce qui nous manque en France, et ce qui fait qu'après une tentative mal soutenue, la majorité ne tarde pas à retourner à la monarchie, sous prétexte que la forme Républicaine n'a pas tenu ce qu'elle promettait.

Or ce n'est pas sous les monarchies qu'un peuple peut prendre des habitudes Républicaines, mais bien seulement sous une République, absolument comme on ne peut apprendre à nager que dans l'eau et à patiner que sur la glace. C'est pourquoi nous devons tout sacrifier pour avoir une République telle quelle, persuadés qu'une République imparfaite vaut mille fois mieux pour l'avenir de la France que la plus juste, la plus équitable, la plus admirable des monarchies.

A la vérité le sacrifice sera dur, car, semblables à l'abeille dont parle le poëte, il nous faudra voir le miel que nous aurons fait profiter à d'autres qu'à nous, et ce ne sera pas nous Républicains qui serons les choryphées, les héros, les ministres de la République que nous aurons tant prêchée. Qu'importe! vous savez bien que nous aimons la République pour elle-même et non pour nous.

D'ailleurs, s'il nous faut absolument une récompense, voici quelle sera la nôtre. Ce sera de voir la France, replacée à son rang, devenue l'arbitre et l'institutrice des nations, jetant dans le cœur de tous les peuples la semence féconde de l'idée démocratique, et vengée à la fois, et par leurs propres mains, et des empereurs qui l'auront marchandée et des peuples qui auront cru l'avoir vaincue !

VI.

Si mon raisonnement ne vous a pas convaincus, recommencez toutes les folies d'il y a vingt ans : insultez dans les clubs les fonctionnaires dont vous voudriez occuper les places; prêchez l'insurrection dans des journaux plus mal écrits que le vrai peuple ne parle; allez demander du travail dans des manifestations dont le vrai but est d'empêcher les travaux de reprendre; recommencez à Neuilly les barricades fratricides de Juin 1848 — avant un an vous aurez un roi.

Et ce sera bien vous qui aurez fait cette nouvelle monarchie; et mieux encore, tout le monde en sera persuadé; car en vertu d'un axiòme de jurisprudence, on doit, pour trouver le coupable, chercher à qui le crime a profité; de sorte que, pour comble d'humiliation, vous serez accusés d'avoir reçu de l'argent des prétendants pour dégoûter les honnêtes gens de la République.

Et même si, après avoir recommencé toutes ces bévues, vous comprenez votre faute et vous décidez à mettre sous le hangard vos vieilles rengaînes révolutionnaires, il vous reste encore une chance, c'est que les trois sectes monarchistes ne s'accordent pas sur le choix de leur candidat, et proclament unanimement la République pour ne pas céder à leurs rivales.

C'est pourquoi je vous répète encore une fois en terminant : Jusqu'à ce jour, c'est toujours nous Républicains qui avons fait les rois et les empereurs; laissons faire une fois les royalistes, et nous aurons la République.

Senlis, imp. et lith. E. Payen.

SENLIS

IMPRIMERIE DE E. PAYEN,

Place de l'Hôtel-de-Ville.

LES
PRINCIPES

PAR

UN ANCIEN DIPLOMATE

BOULOGNE

IMPRIMERIE CAMILLE LE ROY, 51, GRANDE RUE.